AF178530

La composición

Antonio Skármeta

Cornelsen

Espacios literarios **La composición**
Antonio Skármeta

Herausgeber: Wolfgang Steveker
Bearbeitung: Johanna Klaßen
Verlagsredaktion: Vicente Bernaschina Schürmann und Andrea Finster
Umschlaggestaltung: werkstatt für gebrauchsgrafik, Berlin
Layout und technische Umsetzung: Annika Preyhs für Buchgestaltung+, Berlin

Quellenverzeichnis:
Abbildungen: **Cover** Carpenter, **S. 33** interfoto e.k./PHOTOAISA/Rafa Rivas
Texte: **S. 5** © Antonio Skármeta 1998, **S. 27** Tomás Bencé, Lanación de Argentina/GDA 2015,
S. 30 Bernardo E. Navia 2016, **S. 33** Susanne Spröer, © Deutsche Welle 2017

Abkürzungen:

a/c	alguna cosa	fam.	familiar	etw.	etwas
alg.	alguien	fig.	figurado	jd.	jemand
aum.	aumentativo	lat. am.	latinoamericano	jdm.	jemandem
chil.	chileno	loc.	locución	jdn.	jemanden
dim.	diminutivo	m.	masculino	jds.	jemandes
f.	femenino	pl.	plural		

www.cornelsen.de

Die Webseiten Dritter, deren Internetadressen in diesem Lehrwerk angegeben sind, wurden vor
Drucklegung sorgfältig geprüft. Der Verlag übernimmt keine Gewähr für die Aktualität und den
Inhalt dieser Seiten oder solcher, die mit ihnen verlinkt sind.

1. Auflage, 7. Druck 2024

© 2018 Cornelsen Verlag GmbH, Berlin

Druck: AZ Druck und Datentechnik GmbH, Kempten

ISBN 978-306-121928-4

PEFC-zertifiziert
Dieses Produkt
stammt aus
nachhaltig
bewirtschafteten
Wäldern und
kontrollierten Quellen

PEFC
PEFC/04-31-2260 www.pefc.de

La composición

Anexo

Actividades de prelectura

1. Describe la imagen de la portada del libro. ¿Qué diferencias hay entre esta aula y la tuya? ¿Cómo te imaginas las clases aquí?
2. Teniendo en cuenta el título del relato (en alemán „der Aufsatz"), ¿de qué tratará?
3. ¿Te parece un título interesante? Explica por qué.

Tarea continua:

Pedro, el protagonista de la historia, es un niño. A lo largo de la lectura reúne toda la información necesaria para relatar la historia desde el punto de vista de Pedro, que ahora es adulto y cuenta esta historia a sus hijos.

El día de su cumpleaños a Pedro le regalaron una pelota. Pedro protestó porque quería una de cuero[1] blanco con parches[2] negros como las que pateaban[3] los futbolistas profesionales. En cambio, ésta de plástico le parecía demasiado ligera.

5 —Uno quiere meter un gol de cabecita[4] y la pelota sale volando[5]. Parece pájaro por lo liviana[6].

—Mejor —le dijo el papá—, así no te aturdes la cabeza[7].

Y le hizo un gesto con los dedos para que callara[8] porque quería oír
10 la radio. En el último mes, desde que las calles se llenaron de militares, Pedro había notado que todas las noches el papá se sentaba en su sillón preferido, levantaba la antena del aparato verde y oía con atención noticias que llegaban desde muy lejos. A veces venían amigos que se tendían en el suelo, fumaban como chimeneas[9] y ponían
15 las orejas cerca del receptor.

Pedro le preguntó a su mamá:

—¿Por qué siempre oyen esa radio llena de ruidos?

—Porque es interesante lo que dice.

20 —¿Qué dice?

—Cosas sobre nosotros, sobre nuestro país.

—¿Qué cosas?

---

1 el cuero: Leder
2 el parche: *etwa* Flecken
3 patear a/c: *aquí* jugar con a/c
4 el gol de cabeza (*dim.* cabecita): Kopfballtor
5 salir volando: wegfliegen
6 por lo liviana: *etwa* so leicht ist er
7 aturdirse la cabeza: *etwa* Kopfschmerzen bekommen
8 callar: ≠ hablar
9 fumar como chimeneas: *fig.* fumar muchísimo

—Cosas que pasan.

—¿Y por qué se oye tan mal?

—La voz viene de muy lejos.

Y Pedro se asomaba[1] soñoliento[2] a la ventana tratando de adivinar[3]
por cuál de los cerros[4] lejanos se filtraría la voz de la radio.   5

En octubre, Pedro fue la estrella de los partidos de fútbol del barrio.
Jugaba en una calle de grandes árboles y correr bajo su sombra era
casi tan delicioso como nadar en el río en verano. Pedro sentía que
las hojas susurrantes[5] eran un estadio techado que lo ovacionaba[6]
cuando recibía un pase preciso de Daniel, el hijo del almacenero[7],   10
se filtraba como Pelé[8] entre los grandotes[9] de la defensa y chuteaba[10]
directo al arco para meter el gol.

—¡Gol! —gritaba Pedro y corría a abrazar a todos los de su equipo
que lo levantaban por los aires porque, a pesar de que Pedro ya tenía
nueve años, era pequeño y liviano[11].   15

Por eso todos lo llamaban "chico".

—¿Por qué eres tan chiquito? —le decían a veces para fastidiarlo.

—Porque mi papá es chiquito y mi mamá es chiquita.

---

1 asomarse: *hier* sich hinauslehnen
2 soñoliento/-a: cansado/-a
3 adivinar a/c: etw. erraten
4 el cerro: *hier* Berggipfel
5 susurrante: *hier* rauschend
6 ovacionar: aplaudir
7 el/la almacenero/-a: *lat. am.* Lebensmittelhändler/in; Ladenbesitzer/in
8 Pelé: un futbolista famoso de Brasil
9 el grande (*aum.* el grandote): der große Junge
10 chutear (chutar): *lat. am.* tirar (del inglés *to shoot*)
11 liviano/-a: leicht

—Y seguramente también tu abuelo y tu abuela porque eres reque-techiquito[1].

—Soy bajo, pero inteligente y rápido; en cambio tú, lo único que tienes rápido es la lengua.

→ *Tareas A*

5 Un día, Pedro inició un veloz[2] avance por el flanco izquierdo donde habría estado el banderín del córner[3] si ésa fuera una cancha[4] de verdad y no la calle entierrada[5] del barrio. Llegó frente a Daniel que estaba de arquero[6], simuló con la cintura[7] que avanzaba, pisó el balón hasta dormirlo en sus pies[8], lo levantó sobre el cuerpo de
10 Daniel que se había lanzado[9] antes y suavemente lo hizo rodar entre las dos piedras que marcaban el arco[10].

—¡Gol! –gritó Pedro y corrió hacia el centro de la cancha esperando el abrazo de sus compañeros. Pero esta vez nadie se movió. Estaban todos clavados mirando hacia el almacén[11].

15 Algunas ventanas se abrieron. Se asomó gente con los ojos pendientes[12] de la esquina. Otras puertas, sin embargo, se cerraron de golpe. Entonces Pedro vio que al padre de Daniel se lo llevaban dos hom-

---

1 requetechiquito/-a: *lat. am. fam.* muy pequeño/-a
2 veloz: rápido/-a
3 el banderín del córner: Eckfahne
4 la cancha: Sportplatz, *hier* Fußballplatz
5 entierrado/-a: staubig, ungepflastert
6 el/la arquero/-a: Torhüter/in
7 la cintura: Taille, Hüfte
8 dormir (el balón) en los pies: *loc.* controlar el balón con los pies
9 lanzarse: *hier* stürzen
10 el arco: *aquí* la portería (Fußballtor)
11 el almacén: *lat. am.* Lebensmittelladen
12 pendiente: *hier* erwartungsvoll

bres, arrastrándolo[1], mientras un piquete[2] de soldados lo apuntaba[3] con metralletas[4]. Cuando Daniel quiso acercársele, uno de los hombres lo contuvo[5] poniéndole la mano en el pecho.

—Tranquilo —le dijo.

Don Daniel miró a su hijo: 5

—Cuídame bien el negocio.

Cuando los hombres lo empujaban[6] hacia el jeep, quiso llevarse una mano al bolsillo, y de inmediato un soldado levantó su metralleta:

—¡Cuidado!

Don Daniel dijo: 10

—Quería entregarle[7] las llaves al niño.

Uno de los hombres le agarró[8] el brazo:

—Yo lo hago.

Palpó[9] los pantalones del detenido y allí donde se produjo un ruido metálico, introdujo a mano y sacó las llaves. Daniel las recogió en 15 el aire. El jeep partió y las madres se precipitaron[10] a la calle, agarraron a sus hijos del cuello y los metieron en sus casas. Pedro se quedó cerca de Daniel en medio de la polvareda[11] que levantó el jeep al partir.

—¿Por qué se lo llevaron?

1 arrastrar a alg.: *etwa* jdn. gewaltsam abführen
2 el piquete: el grupo
3 apuntar a alg.: *hier* auf jdn. zielen
4 la metralleta: Maschinenpistole
5 contener a alg.: jdn. zurückhalten
6 empujar a alg.: jdn. schubsen, stoßen
7 entregar a/c a alg.: dar a/c a alg.
8 agarrar a/c: packen, ergreifen
9 palpar a/c: etw. abtasten
10 precipitarse: *aquí* correr
11 la polvareda: Staubwolke

Daniel hundió[1] las manos en los bolsillos y apretó las llaves.

—Mi papá está contra la dictadura.

Pedro ya había escuchado eso de «contra la dictadura». Lo decía la radio por las noches, muchas veces. Pero no sabía muy bien qué
5 quería decir.

—¿Qué significa eso?

Daniel miró la calle vacía y le dijo como en secreto:

—Que quieren que el país sea libre. Que se vayan los militares del gobierno.

10 —¿Y por eso se los llevan presos[2]? —preguntó Pedro.

—Yo creo.

—¿Qué vas a hacer?

—No sé.

Un vecino se acercó a Daniel y le pasó la mano por el pelo.

15 —Te ayudo a cerrar —le dijo.

Pedro se alejó[3] pateando la pelota y como no había nadie en la calle con quien jugar, corrió hasta la otra esquina a esperar el autobús que traería a su padre de regreso del trabajo.

Cuando llegó, Pedro lo abrazó y el papá se inclinó[4] para darle un
20 beso.

—¿No ha vuelto aún tu mamá?

—No –dijo Pedro.

---

1 hundir a/c en: *aquí* meter a/c en
2 llevar preso: detener, arrestar
3 alejarse: sich zurückziehen
4 inclinarse: sich beugen, bücken

—¿Jugaste mucho?

—Un poco.

Sintió la mano de su papá que le tomaba la cabeza y la estrechaba con una caricia[1] sobre la camisa.

—Vinieron unos soldados y se llevaron preso al papá de Daniel.   5

—Ya lo sé —dijo el padre.

—¿Cómo lo sabes?

—Me avisaron por teléfono.

—Daniel se quedó de dueño[2] del almacén. A lo mejor ahora me regala caramelos –dijo Pedro.   10

—No creo.

—Se lo llevaron en un jeep como esos que salen en las películas.

El padre no dijo nada. Respiró hondo[3] y se quedó mirando con tristeza la calle. A pesar de que era de día, sólo la atravesaban[4] los hombres que volvían lentos de sus trabajos.   15

—¿Tú crees que saldrá en la televisión? —preguntó Pedro.

—¿Qué? —preguntó el padre.

—Don[5] Daniel.

—No.

Esa noche se sentaron los tres a cenar, y aunque nadie le ordenó que se callara, Pedro no abrió la boca. Sus papás comían sin hablar. De   20 pronto, la madre comenzó a llorar, sin ruido.

---

1   estrechar a/c con una caricia: *etwa* etw. liebevoll streicheln
2   el/la dueño/-a: Besitzer/in
3   hondo/-a: fuerte, profundo/-a
4   atravesar (e→ie) a/c: etw. überqueren
5   el don, la doña: el/la señor/a

—¿Por qué está llorando mi mamá?

El papá se fijó primero en Pedro y luego en ella y no contestó. La mamá dijo:

—No estoy llorando.

⁵ —¿Alguien te hizo algo? —preguntó Pedro.

—No —dijo ella.

Terminaron de cenar en silencio y Pedro fue a ponerse su pijama. Cuando volvió a la sala, sus papás estaban abrazados en el sillón con el oído muy cerca de la radio, que emitía sonidos extraños, más ¹⁰ confusos ahora por el poco volumen. Casi adivinando que su papá se llevaría un dedo a la boca para que se callara, Pedro preguntó rápido:

—Papá, ¿tú estás contra la dictadura?

El hombre miró a su hijo, luego a su mujer, y en seguida ambos ¹⁵ lo miraron a él. Después bajó y subió lentamente la cabeza, asintiendo[1].

—¿También te van a llevar preso?

—No —dijo el padre.

—¿Cómo lo sabes?

²⁰ —Tú me traes buena suerte, chico —sonrió.

Pedro se apoyó[2] en el marco de la puerta[3], feliz de que no lo mandaran a acostarse como otras veces. Prestó atención a la radio tratando de entender. Cuando la radio dijo: «la dictadura militar»,

---

1 asentir (e→ie): zustimmen
2 apoyarse en a/c: sich an etw. lehnen
3 el marco de la puerta: Türrahmen

Pedro sintió que todas las cosas que andaban sueltas[1] en su cabeza se juntaban como un rompecabezas[2].

—Papá —preguntó entonces—, ¿yo también estoy contra la dictadura?

El padre miró a su mujer como si la respuesta a esa pregunta estuviera escrita en los ojos de ella. La mamá se rascó[3] la mejilla[4] con una cara divertida, y dijo:

—No se puede decir.

—¿Por qué no?

—Los niños no están en contra de nada. Los niños son simplemente niños. Los niños de tu edad tienen que ir a la escuela, estudiar mucho, jugar y ser cariñosos con sus padres.

Cada vez que a Pedro le decían estas frases largas, se quedaba en silencio. Pero esta vez, con los ojos fijos en la radio, respondió:

—Bueno, pero si el papá de Daniel está preso, Daniel no va a poder ir más a la escuela.

—Acuéstate, chico —dijo el papá.

→ *Tareas B*

Al día siguiente, Pedro se comió dos panes con mermelada, se lavó la cara y se fue corre que te vuela[5] a la escuela para que no le anotaran un nuevo atraso. En el camino, descubrió una cometa[6] azul

---

1 andar suelto/-a: *fam. etwa* herumschwirren
2 el rompecabezas: el puzle
3 rascarse: *hier* sich reiben, kratzen
4 la mejilla: Wange
5 corre que te vuela: *loc. etwa* so schnell wie der Wind
6 la cometa: Flugdrachen

enredada[1] en las ramas de un árbol, pero por más que saltó y saltó no hubo caso[2].

Todavía no terminaba de sonar ding-dong la campana, cuando la maestra entró, muy tiesa, acompañada por un señor con uniforme militar, una medalla en el pecho, bigotes grises y unos anteojos[3] más negros que mugre[4] en la rodilla.

La maestra dijo:

—De pie, niños, y bien derechitos[5].

Los niños se levantaron. El militar sonreía con sus bigotes de cepillo de dientes bajo los lentes[6] negros.

—Buenos días, amiguitos —dijo—. Yo soy el capitán Romo y vengo de parte del Gobierno, es decir, del general Perdomo, para invitar a todos los niños de todos los grados de esta escuela a escribir una composición. El que escriba la más linda[7] de todas recibirá, de la propia mano del general Perdomo, una medalla de oro y una cinta[8] como ésta con los colores de la bandera. Y por supuesto, será el abanderado[9] en el desfile[10] de la Semana de la Patria.

Puso las manos tras la espalda, se abrió de piernas con un salto y enderezó[11] el cuello levantando un poco la barbilla[12].

—¡Atención! ¡Sentarse!

---

1 enredado/-a: verfangen
2 no hay caso: *loc.* sin éxito
3 los anteojos: *lat. am.* las gafas
4 la mugre: *fam.* Schmutz
5 derecho/-a (*dim.* derechito/-a): *aquí* recto/-a, ordenado/-a
6 los lentes: *lat. am.* las gafas
7 lindo/-a: *lat. am.* bonito/-a
8 la cinta: *etwa* Ehrenband
9 el/la abanderado/-a: Fahnenträger/in
10 el desfile: Umzug, Parade
11 enderezar a/c: *hier* etw. aufrichten, etw. strecken
12 la barbilla: Kinn

Los muchachos obedecieron[1].

—Bien —dijo el militar—. Saquen sus cuadernos... ¿Listos los cuadernos? ¡Bien! Saquen lápiz... ¿Listos los lápices? ¡Anotar! Título de la composición: «Lo que hace mi familia por las noches»... ¿Comprendido? Es decir, lo que hacen ustedes y sus padres desde que 5 llegan de la escuela y del trabajo. Los amigos que vienen. Lo que conversan. Lo que comentan cuando ven la televisión. Cualquier cosa que a ustedes se les ocurra libremente con toda libertad. ¿Ya? Uno, dos, tres: ¡comenzamos!

—¿Se puede borrar, señor? –preguntó un niño. 10

—Sí —dijo el capitán.

—¿Se puede hacer con bolígrafo?

—Sí, joven. ¡Cómo no!

—¿Se puede hacer en hojas cuadriculadas, señor?

—Perfectamente. 15

—¿Cuánto hay que escribir, señor?

—Dos o tres páginas.

—¿Dos o tres páginas? —protestaron los niños.

—Bueno —corrigió el militar—, que sean una o dos. ¡A trabajar! 20

Los niños se metieron el lápiz entre los dientes y comenzaron a mirar el techo a ver si por un agujero caía volando sobre ellos el pajarito de la inspiración[2]. Pedro estuvo mordiendo[3] el lápiz, pero no le sacó ni una palabra. Se rascó el agujero de la nariz y pegó debajo

---

1 obedecer (c→zc): gehorchen
2 el pájaro (*dim.* pajarito) de la inspiración: *fig.* la inspiración
3 morder (o→ue): *hier* kauen

del escritorio un moquito[1] que le salió por casualidad. Juan, en el pupitre[2] de al lado, estaba comiéndose las uñas, una por una.

—¿Te las comes? –preguntó Pedro.

—¿Qué? –dijo Juan.

5 —Las uñas.

—No. Me las corto con los dientes y después las escupo[3]. ¡Así! ¿Ves?

El capitán se acercó por el pasillo y Pedro pudo ver cerca la dura hebilla[4] dorada de su cinturón.

—¿Y ustedes, no trabajan?

10 —Sí, señor —dijo Juan, y a toda velocidad arrugó[5] las cejas[6], sacó la lengua entre los dientes y puso una gran "A" para comenzar la composición. Cuando el capitán se fue hacia el pizarrón[7] y se puso a hablar con la maestra, Pedro le espió la hoja a Juan y preguntó:

—¿Qué vas a poner?

15 —Cualquier cosa. ¿Y tú?

—No sé —dijo Pedro.

—¿Qué hicieron tus papás ayer? —preguntó Juan.

—Lo mismo de siempre. Llegaron, comieron, oyeron la radio y se acostaron.

20 —Igualito mi mamá.

—Mi mamá se puso a llorar de repente –dijo Pedro.

---

1 el moco (*dim.* el moquito): Popel
2 el pupitre: el escritorio
3 escupir a/c: etw. ausspucken
4 la hebilla: Schnalle
5 arrugar a/c: *hier* etw. hochziehen
6 la ceja: Augenbraue
7 el pizarrón: *lat. am.* la pizarra

—Las mujeres se la pasan llorando.

—Yo trato de no llorar nunca. Hace como un año que no lloro.

—Y si te pego[1] en el ojo y te lo pongo morado[2], ¿no lloras?

—¿Y por qué me vas a hacer eso si soy tu amigo?

—Bueno, es verdad.   5

Los dos se metieron los lápices en la boca y miraron el bombillo[3] apagado y las sombras en las paredes y sintieron la cabeza hueca[4] como una alcancía[5]. Pedro se acercó a Juan y le susurró[6] en la oreja:

—¿Tú estás contra la dictadura?

Juan vigiló la posición del capitán y se inclinó hacia Pedro: 10

—Claro, pendejo[7].

Pedro se apartó un poco y le guiñó[8] un ojo, sonriendo. Luego, haciendo como que escribía, volvió a hablarle:

—Pero tú eres un niño…

—¿Y eso qué importa?   15

—Mi mamá me dijo que los niños… —comenzó a decir Pedro.

—Siempre dicen eso… A mi papá se lo llevaron preso al norte.

—Igual que al de Daniel.

---

1 pegar a alg.: jdn. schlagen
2 morado/-a: *hier* blau
3 el bombillo: *lat. am.* Glühbirne
4 hueco/-a: vacío/-a
5 la alcancía: Sparbüchse
6 susurrar: flüstern
7 el/la pendejo/-a: Angsthase
8 guiñar: zwinkern

—Ajá. Igualito.

→ *Tareas C*

Pedro miró la hoja en blanco y leyó lo que había escrito: «Lo que hace mi familia por las noches». Pedro Malbrán. Escuela Siria. Tercer Grado A[1].

5 —Juan, si me gano la medalla, la vendo para comprarme una pelota de fútbol tamaño cinco de cuero blanco con parches negros.

Pedro mojó la punta del lápiz con un poco de saliva[2], suspiró[3] hondo y arrancó[4]: «Cuando mi papá vuelve del trabajo…».

→ *Tareas D*

Pasó una semana, se cayó de puro viejo un árbol de la plaza, el
10 camión de la basura estuvo cinco días sin pasar y las moscas[5] tropezaban en los ojos de la gente, se casó Gustavo Martínez de la casa de enfrente y repartieron así unos pedazos de torta a los vecinos, volvió el jeep y se llevaron preso al profesor Manuel Pedraza, el cura[6] no quiso decir misa[7] el domingo, en el muro de la escuela apareció
15 escrita la palabra «resistencia», Daniel volvió a jugar fútbol y metió un gol de chilena[8] y otro de palomita[9], subieron de precio los helados y Matilde Schepp, cuando cumplió nueve años, le pidió a Pedro que le diera un beso en la boca.

—¡Estás loca! –le gritó Pedro.

---

1 Tercer Grado A: Klasse 3a
2 la saliva: Speichel, Spucke
3 suspirar: seufzen
4 arrancar: empezar
5 la mosca: Fliege
6 el cura: Priester
7 decir misa: predigen, die Messe lesen
8 el gol de chilena: Fallrückzieher
9 el gol de palomita: Flugkopfball

Después que pasó esa semana, pasó todavía otra, y un día volvió al aula el militar cargado de papeles, una bolsa de caramelos y un calendario con la foto de un general.

—Mis queridos amiguitos —les dijo—. Sus composiciones han sido muy lindas y nos han alegrado mucho a los militares y en nombre ⁵ de mis colegas y del general Perdomo debo felicitarlos muy sincera- mente. La medalla de oro no recayó en este curso, sino en otro, en algún otro. Pero para premiar sus simpáticos trabajitos, les daré a cada uno un caramelo, la composición con una notita y este calen- dario con la foto del prócer[1]. ₁₀

Pedro se comió el caramelo camino de su casa y esa noche, mientras cenaban, le contó al papá:

—En la escuela nos mandaron a hacer una composición.

—Mmm. ¿Sobre qué? —preguntó el papá comiendo la sopa.

— «Lo que hace mi familia por las noches». ₁₅

El papá dejó caer la cuchara sobre el plato y saltó una gota[2] de sopa sobre el mantel[3]. Miró a la mamá.

—¿Y tú qué escribiste, hijo? —preguntó la mamá.

Pedro se levantó de la mesa y fue a buscar entre sus cuadernos.

—¿Quieren que se las lea? El capitán me felicitó. ₂₀

Y les mostró donde el capitán había escrito con tinta verde: «¡Bravo! ¡Te felicito!»

—El capitán… ¿qué capitán? —gritó el papá.

—El que nos mandó a hacer la composición.

---

1 el prócer: *etwa* der Führer. (Augusto Pinochet)
     Augusto Pinochet (*25 de noviembre de 1915; †10 de diciembre de 2006): general y dictador chileno que gobernó Chile desde 1973 hasta 1990.
2 la gota: Tropfen
3 el mantel: Tischdecke

Los papás se volvieron a mirar y Pedro empezó a leer:

— «Escuela Siria. Tercer Grado…».

El papá lo interrumpió:

—Sí, está bien, pero lee directamente la composición, ¿quieres?

5 Y mientras los padres escuchaban con mucha atención, Pedro leyó:

— «Cuando mi papá vuelve del trabajo, yo voy a esperarlo al autobús. A veces, mi mamá está en la casa y cuando llega mi papá le dice quiubo[1] chico, cómo te fue hoy. Bien le dice mi papá y a ti cómo te fue, aquí estamos[2] le dice mi mamá. Entonces yo salgo a jugar fútbol
10 y me gusta meter goles de cabecita. Después viene mi mamá y me dice ya Pedrito venga a comer y luego nos sentamos a la mesa y yo siempre me como todo menos la sopa que no me gusta. Después todas las noches mi papá y mi mamá se sientan en el sillón y juegan ajedrez[3] y yo termino la tarea. Y ellos siguen jugando ajedrez hasta
15 que es la hora de irse a dormir. Y después, después no puedo contar porque me quedo dormido.

Firmado: Pedro Malbrán.

Nota: si me dan un premio por la composición ojalá sea una pelota de fútbol, pero no de plástico.»

20 Pedro levantó la mirada y se dio cuenta de que sus padres estaban sonriendo.

—Bueno —dijo el papá—, habrá que comprar un ajedrez, por si las moscas[4].

→ *Tareas E*

---

1 quiubo: *chil. fam.* ¿qué hubo? (¿Cómo estás?)
2 aquí estamos: *loc. etwa* so wie immer
3 el ajedrez: Schach
4 por si las moscas: *loc.* für alle Fälle

Actividades durante la lectura

Tareas A
1. Presenta lo que llegas a saber sobre el protagonista.
2. Presenta los cambios en el último mes que llaman la atención de Pedro.

Tareas B
1. Cuenta por qué nadie presta atención al gol de Pedro. ¿Qué pasa en ese momento?
2. Explica por qué los soldados se llevan preso al padre de Daniel.
3. Pedro observa cómo los militares detienen al padre de Daniel. Imagina lo que piensa y escribe un monólogo interior.
4. Analiza la atmósfera durante la cena en casa.
5. Después de la conversación con el padre, el narrador dice que «Pedro sintió que todas las cosas que andaban sueltas en su cabeza se juntaban como un rompecabezas.» (p. 12, l. 1–2). Explica esta afirmación.

Tareas C
1. Imaginad en grupos la situación cuando el militar entra en el aula. Cread una imagen congelada para expresar las posturas y emociones de los alumnos, del militar y de la profesora. Presentad vuestras ideas en clase.
2. Haz un mapa mental que presente la información (explícita e implícita) sobre este militar.
3. Utiliza tus apuntes del mapa mental para escribir una caracterización del militar.
4. Explica por qué los alumnos tienen que escribir la composición. ¿Cuál es la intención del militar?
5. Examina las reacciones de los alumnos frente a esta tarea.

Tarea D

1 a. Reunid ideas. ¿Qué podría escribir Pedro en su composición?
   b. Alternativa. Redacta la composición de Pedro.

Tareas E

1. Presenta el significado que tiene el ajedrez en el relato.
2. Discute si se trata de un final feliz.
3. Cuando Pedro se acuesta, sus padres empiezan una conversación sobre él y su composición. Escribe el diálogo.

Actividades después de la lectura

El protagonista

1. Retrata el desarrollo de Pedro a lo largo del relato con referencias del texto.

El estilo narrativo y lingüístico

2 a. Lee el párrafo en la página 17 (l. 9–19) y toma apuntes en tus propias palabras de los acontecimientos descritos.

   b. Ordena tus apuntes, siguiendo una estructura adecuada. Utiliza, por ejemplo, colores diferentes.

3. Compara el lenguaje utilizado en las siguientes partes del relato, teniendo en cuenta el vocabulario, la sintaxis y el estilo en general:

   A: página 6, l. 6–15

   B: página 19, l. 6–16

   C: página 13, l. 11 hasta página 14, l. 20

La composición y su contexto histórico

4 a. Describe como Pedro se imagina «el estadio» en el que juega con sus amigos (p. 6, l. 6–15)

   b. Compara tu descripción con la atmósfera que hay en un estadio de fútbol actual.

5. a. Busca en internet imágenes del Estadio Nacional de Chile en el año 1973 y compáralas con tus ideas de un estadio actual.

   b. ¿Para qué han utilizado el Estadio Nacional durante la dictadura? Lee el artículo «La historia oscura del estadio Nacional de Santiago» en el anexo.

6 a. Haz una lista de cosas que no hay o que no puedes hacer en una dictadura.

   b. ¿Qué significa crecer en y vivir bajo una dictadura? Piensa tanto en el caso concreto del relato como en tus conocimientos generales.

7. Cuarenta años después de los acontecimientos descritos en el relato, Pedro les cuenta a sus hijos sobre su infancia y sus años escolares bajo la dictadura. Mira otra vez tus apuntes, ordénalos y escribe su historia desde el punto de vista de un adulto.

La recepción de la obra

8. *La composición* ganó varios premios, entre ellos el Premio UNESCO de Literatura Infantil en pro de la Tolerancia en 2003. Discute por qué (no) te parece un libro adecuado para niños.

9. En internet hay varias reseñas sobre las obras de Antonio Skármeta. Escribe tu propia entrada de blog en la que resumes el contenido de *La composición* y presentas tu opinión sobre el relato.

ANEXO

La historia oscura del Estadio Nacional de Santiago:
Fue la cárcel más grande de la dictadura de Pinochet

[…] SANTIAGO, Chile – Lejos de los festejos, los cantos, los aplausos y los goles, el Estadio Nacional de Santiago guarda en el silencio de sus pasillos los gritos, llantos[1] y súplicas[2] de la época más oscura que vivió Chile. El estadio donde juega la selección local fue el principal cen-
5 tro de detención y tortura de la salvaje dictadura de Augusto Pinochet: detenidos, torturados, asesinados[3], en el mismo lugar donde la selección chilena guarda la ilusión de conseguir el título que todavía le resulta esquivo[4].

Cuando el 11 de septiembre de 1973 derrocaron a Salvador Allende[5],
10 comenzó la dictadura de Augusto Pinochet. Utilizaron el estadio de San-tiago como la mayor cárcel que alguna dictadura sudamericana haya vivido. Muchos de ellos fueron torturados y otros tantos, asesinados. En el medio de la tribuna, detrás de uno de los arcos, un sector está exclu-sivamente dedicado al recuerdo. Ese lugar se mantuvo protegido, into-
15 cable[6]. Allí abajo de esos viejos asientos que contrastan con el resto del color del estadio, funciona un centro de la memoria. El frío, la humedad y la oscuridad conviven al bajar pocos escalones que separan el campo de juego de los recuerdos más oscuros.

Al descender[7] esos peldaños[8], primero asoman las fotos, más los
20 nombres de tantos desaparecidos y fusilados[9]. En detalle, las marcas en las paredes: mensajes, fechas, nombres, todo parece recordar. «Un

---

1 el llanto: Weinen, Jammern
2 la súplica: Flehen
3 el/la asesinado/-a: Ermordete/r
4 resultar esquivo/-a: faltar (la Copa América de 2015)
5 Salvador Allende (*26 de junio de 1908; †11 de septiembre de 1973): médico y político socialista chileno. Presidente de Chile desde 1970 hasta su muerte en 1973.
6 intocable → tocar
7 descender a/c: bajar a/c
8 el peldaño: el escalón
9 el/la fusilado/-a: Erschossene/r

pueblo sin memoria, es un pueblo sin futuro», reza[1] uno de los carteles ubicado sobre las escaleras para subir al campo de juego. Según contaron a *canchallena.com* quienes se encargan[2] de preservar este lugar, los detenidos dormían en el frío y duro piso de piedra, con excepción de las dependencias habilitadas para mujeres, donde sólo algunas disponían de colchonetas[3]. Durante el día, las personas se la pasaban sentadas en las tribunas del estadio, mirando al campo de juego. Algunos podían charlar con su vecino o hasta lavar sus ropas. Pero en ese lugar aparecía en escena un temible[4] personaje, «el encapuchado»[5], que reconocía entre los detenidos a los militantes de izquierda, que eran separados del resto de los detenidos y torturados.

El 11 de septiembre del año 2003, 30 años después del golpe de estado, se declaró este sector del Nacional de Santiago Monumento Histórico. Por eso, en las sucesivas remodelaciones que le hicieron al estadio, nunca tocaron ni los viejos tablones[6] de madera ni el sector debajo de la tribuna. Allí resaltan algunas fotos: desde Allende defendiéndose en el Palacio de la Moneda, pasando por imágenes de militares por la calle, hasta los detenidos que eran «paseados» por las tribunas del estadio de Santiago cuando llegaban delegaciones extranjeras. Mostraban que «estaban cuidados y estaban detenidos en buenas condiciones», relataron a *canchallena.com*.

Hay fotos de presos muy reconocidos: Víctor Jara, músico popular, quien pasó por allí detenido, o el periodista norteamericano Charles Horman. Llama la atención una mención a Francisco Chamaco Valdés Muñoz, autor del gol «más triste» de la historia de Chile [...].

Miles de detenidos, asesinados y torturados. Eso fue el estadio de Santiago en la época más difícil que vivió Chile. Hoy se mantiene la memoria y el recuerdo de esas almas[7]. «La historia es nuestra, la hacen

1 rezar: *aquí* está escrito en
2 encargarse de: ocuparse de
3 la colchoneta: Matte, einfache Matratze
4 temible: furchterregend
5 el encapuchado: Vermummte
6 el tablón: Brett
7 el alma (f.): Seele

los pueblos», una de las últimas frases de Allende aparece escrita en una de las paredes. Mientras tanto, con la página ya dada vuelta, busca recuperar[1] la alegría en el estadio donde su selección quiere conseguir su primer título[2].

09.06.15, La Nación, https://www.lanacion.com.ar/1800145-la-historia-mas-oscura-del-nacional-de-santiago-fue-la-carcel-mas-grande-de-la-dictadura-de-pinochet, de Tomás Bence

Tareas

1. Resume la historia del Estadio Nacional de Santiago a comienzos de la dictadura.
2. Comenta la frase del cartel ubicado en el estadio: «Un pueblo sin memoria, es un pueblo sin futuro».

---

1 recuperar: wiedererlangen
2 Pocas semanas después de la publicación de este artículo, la selección chilena ganó por primera vez la Copa América.

Carta abierta a Augusto Pinochet

General:

Era yo un niño cuando se hizo del poder político en Chile. Desde entonces viví sabiendo de usted, escuchándolo a usted, viéndolo a usted (las emisoras radiales[1] y la televisión se encargaban siempre de traerlo hasta mi casa); no pudiendo escapar a la presencia casi omnipotente[2] de usted.

General, a mi adolescencia y a parte de mi vida universitaria llegaron siempre perturbadoras nociones[3], ideas y noticias sobre sus terriblemente famosos métodos de «justicia» y «programas» para imponer «orden» y «bienestar» en un país que quedará en mi memoria para siempre marcado por la sombra de su nombre.

Hace veinte años que vivo fuera de Chile. Por eso que la noticia de su muerte no me llegó ni la sentí de la misma forma que la que podría haber sentido estando allá. En estos veinte años me han sucedido muchas cosas, General. Entre ellas aceptar el hecho de que, tal como se lo menciono más arriba, el Chile de los 80 y gran parte de los 90, quedará grabado[4] en mi memoria junto a los fantasmas del terror impuesto[5] por usted. Ese Chile es el que recuerdo siempre. No sé si me entiende usted. Es decir, no sólo se llevó hoy a la eternidad[6] el dolor, el miedo, el olvido, el horror, la tristeza eterna que sembró[7] en el corazón de tantos, no; también se llevó usted las memorias de mi infancia y adolescencia en un Chile castigado[8] y oprimido[9]. El país de hoy, aquel del cual siempre intento estar informado, es un país que no puedo hacer coincidir[10] con el

---

1 la emisora radial: la radio
2 omnipotente: allmächtig
3 las perturbadoras nociones: verstörende Meldungen
4 grabado/-a: *etwa* eingebrannt
5 imponer a/c: etw. aufzwingen
6 la eternidad: Ewigkeit
7 sembrar: *fig. hier* säen
8 castigado/-a: bestraft
9 oprimido/-a: unterdrückt
10 coincidir: übereinstimmen

que recuerdo. Cuando digo que se lleva usted[1] me refiero a esa especie de sonrisa burlona[2] que me parece ver se dibuja para siempre en sus labios: se va usted de entre nosotros sin haber sido castigado nunca por esa inimaginable barbarie[3] con la que asoló[4] a ese país de mis memorias.

5 Sí, se lleva usted una sonrisa de burla. Pero si «el que ríe al último ríe mejor», entonces sepa usted, General, que la historia y las generaciones siguientes reirán al último.

General, nunca me tocó experimentar en carne propia[5] el dolor innombrable[6] de tener a un papá, hermano o hijo «desaparecido». Pero
10 conocí a seres humanos que sí lo vivieron. Por eso hoy, mientras leo las noticias de su muerte, no puedo dejar de mirar a Inti, mi pequeño de dos años que juega con su pelota, tan ajeno[7] y tan lejano a todo esto, ni puedo evitar pensar que, gracias a su muerte, General, se le ha evitado a él conocer a uno menos de tantos hijos de puta[8].

15 Sinceramente,
Bernardo E. Navia
Chicago, diciembre 10, 2006

14.12.2006, Descontexto, http://descontexto.blogspot.de/2006/12/
carta-abierta-augusto-pinochet-de.html, de Bernardo E. Navia

---

1 Cuando digo que se lleva usted: *etwa* Wenn ich sage, dass Sie etwas mit sich nehmen
2 burlón, burlona: spöttisch
3 la barbarie: Barbarei, Grausamkeit, Unmenschlichkeit
4 asolar a a/c: etw. verwüsten
5 en carne propia: *loc.* am eigenen Leibe
6 innombrable: indescriptible, increíble
7 ajeno/-a a a/c: unwissend, unberührt von etw.
8 el hijo de puta: Hurensohn

Tareas

1. Presenta lo que llegas a saber sobre el autor de esta carta abierta.
2. Analiza los sentimientos de Bernardo E. Navia frente a Pinochet, teniendo en cuenta su lenguaje.
3. Discute la posibilidad de que Pedro, el protagonista de *La composición* de Antonio Skármeta, sea el autor de esta carta abierta, relacionando la información de la carta con las experiencias y el desarrollo de Pedro.

Künstler nach der Flucht:
Der Schriftsteller Antonio Skármeta aus Chile

Auch der Autor des Welt-Bestsellers *Mit brennender Geduld* war Flücht-
ling. Nach dem Militärputsch 1973 von General Pinochet gegen Präsident Allende in Chile, emigrierte er nach West-Berlin.

Im Hintergrund leuchten die
5 Neon-Reklamen des nächtlichen
Berlin, als sich der schnauzbär-
tige, verschmitzt lächelnde Mitt-
dreißiger einem deutschen Fer-
nsehpublikum vorstellt: „Mein
10 Name ist Antonio Skármeta. Ich
bin Schriftsteller. Ich habe Chile
im Jahre 1973 verlassen, weil
ein Putsch gegen den demokratischen Präsidenten Salvador
15 Allende stattgefunden hat. Seit-
dem herrscht in meinem Land
eine militärische Diktatur."

Seit acht Jahren lebt Antonio
Skármeta da schon in West-Ber-

20 lin, zusammen mit seiner Frau und den beiden Söhnen, die den größten
Teil ihres Lebens hier verbracht haben und nun 13 und 15 Jahre alt sind.
Ihr neues Zuhause ist das West-Berliner Viertel Charlottenburg, in den
80er Jahren ein Treffpunkt der chilenischen Community.

In seinem Fernsehfilm *Wenn wir zusammen lebten*, erzählt Skár-
25 meta dem deutschen TV-Publikum 1983 vom Alltag, den Träumen und
Sehnsüchten der Exilchilenen: Von den Schwierigkeiten, Wohnung und
Arbeit zu finden, aber auch davon, wie im Park mit chilenischer Musik
und Empanadas gemeinsam gefeiert wird – fröhliche Feste, aber voller
Nostalgie nach der fernen Heimat. Rund 5000 Chilenen sind wie Skár-
30 meta nach dem Militärputsch in die Bundesrepublik Deutschland geflüchtet, mehrere Tausend auch in die damals noch existierende DDR.

Aus Antofagasta in die Hauptstadt Santiago

Geboren wird Antonio Skármeta am 7. November 1940 in Antofagasta, einer Stadt im warmen Norden Chiles, genannt die „Perle des Pazifiks". Nach der Grundschule besucht er das *Instituto Nacional* in der Hauptstadt Santiago, eine der berühmtesten Jungenschulen des Landes. 5 Eine Schule fürs Leben: „Diese Schule hat mich Demokratie gelehrt" […]. „Denn hierher kamen Schüler aus allen möglichen Schichten: aus Armenvierteln, der Mittelklasse und auch aus reichen Gegenden. Das hat mich gelehrt, mit Menschen unterschiedlichster Hintergründe klar zu kommen." 10

Nach dem Abschluss studiert Antonio Skármeta in Santiago Philosophie. Mitte der 60er Jahre bekommt er eines der renommierten Fulbright-Stipendien und zieht mit seiner Frau, der Künstlerin Cecilia Boisier, in die USA. Das Paar bekommt zwei Söhne. Er veröffentlicht erste Erzählungen […]. 15

„Regen über Santiago": Chile 11. September 1973

Die Sonne scheint, als am 11. September 1973 im Radio „Regen über Santiago" gemeldet wird. Antonio Skármeta sitzt da gerade in seinem Arbeitszimmer in der *Universidad de Chile,* wo er mittlerweile als Dozent arbeitet. Er ist alarmiert: Denn „Regen über Santiago" ist das Codewort 20 für einen Militärputsch, den die Demokraten schon eine Weile befürchten. Es wäre nicht der erste: Schon im Juni hatten die Militärs gegen den sozialistischen Präsidenten Salvador Allende geputscht, erfolglos. Diesmal ist es anders. Soldaten besetzen das Parlament, bombardieren den Radiosender, der das Codewort gesendet hat. Noch am selben 25 Tag nimmt sich Präsident Allende im Regierungspalast *La Moneda* das Leben.

Sportstätten werden Konzentrationslager

In den nächsten Tagen werden Tausende Chilenen verhaftet. Manche werden vollkommen willkürlich von der Straße geholt – weil sie lange 30

Haare haben oder wie Hippies gekleidet sind […]. Viele Schulen und Sportstätten werden zu Konzentrationslagern von General Augusto Pinochet, dem Mann hinter dem Putsch, der Chile bis 1990 als Diktator regieren wird. Über 2000 Menschen sterben, mehr als 35.000 werden
5 Opfer von Gefangenschaft und Folter, über tausend sind bis heute verschwunden.

Flucht ins Exil

Als engagierter Unterstützer von Präsident Allende ist auch Antonio Skármeta in Gefahr. Ein deutscher Freund, der Regisseur Peter Lilien-
10 thal, rät ihm, das Land so schnell wie möglich zu verlassen. Nach ein paar Monaten in Argentinien kommt er 1974 mit einem Stipendium des DAAD, des Deutschen Akademischen Austausch-Dienstes, nach Berlin und holt seine Familie nach. „Ich habe das Land freiwillig verlassen", sagt Skármeta, „ich bin nicht gefoltert worden, ich habe nur meinen
15 Job verloren. Und das war ja wenig im Vergleich zu dem, was anderen widerfahren ist".

Was macht ein Schriftsteller ohne seine Sprache?

Deutsch spricht Antonio Skármeta kaum, als er in Berlin ankommt. Seine beiden Söhne, bei der Ankunft in Europa sieben und fünf Jahre alt, sau-
20 gen die neue Sprache schnell auf: „In Gesprächen hat der Ältere für mich übersetzt", erzählt Antonio Skármeta. „Wenn die Leute am Telefon sehr schnell sprachen, da reichte ich den Hörer an meinen Sohn weiter und er antwortete für mich."
Doch Skármeta ist Schriftsteller. Mit dem Exil hat er seine Sprache
25 und seine Leser verloren: „Ich merkte, dass es keinen Sinn ergab, weiter so zu kommunizieren wie mit den chilenischen Lesern, mit all den Anspielungen auf chilenische Fußballer oder Filmstars, mit Bezügen zu den Straßen und Vierteln chilenischer Städte – auf das, was ich mit den Chilenen gemeinsam hatte."

Menschen im Exil: ein Lebensthema von Antonio Skármeta

1978 erscheint sein Roman *No pasó nada – Nixpassiert,* in dem er die Geschichte eines chilenischen Jungen erzählt, der mit seiner Familie nach Berlin geflüchtet ist – ein jugendliches Alter Ego des Schriftstellers. Das Buch wird ein Erfolg, der deutsche Sender ZDF verfilmt die Geschi- 5 chte. Das Thema Exil wird eines von Antonio Skármetas Lebensthemen. Im Berliner Exil schreibt Antonio Skármeta auch sein berühmtestes Werk, den gleich zweifach verfilmten Roman *Mit brennender Geduld* […].

Pinochet wird abgewählt – das Ende der Diktatur in Chile

1988 wird Augusto Pinochet in einer spektakulären Volksabstimmung 10 abgewählt – der Film *NO,* der auf einem Theaterstück Antonio Skár- metas basiert, erzählt, wie eine fröhliche Werbekampagne den Diktator Augusto Pinochet entmachtet. 1989 gibt es die ersten freien Wahlen nach der Diktatur und Antonio Skármeta kehrt nach 16 Jahren des Exils in seine Heimat zurück. Von 2000 bis 2003 kommt er noch einmal nach 15 Berlin, diesmal als Botschafter der Republik Chile.

Eine Familie in zwei Welten

Heute lebt Antonio Skármeta wieder in Santiago de Chile, mit seiner zweiten Frau Nora Preperski, die er in Deutschland kennengelernt hat, und dem jüngsten Sohn. Die beiden älteren Söhne sind in Deutschland 20 geblieben. Flucht und Exil haben seine Familie in weit entfernte Welten versprengt – Europa und Südamerika. Ist es nicht schwer, wenn man mit Kindern und Enkeln nur selten zusammen sein kann? „Überhaupt nicht", findet Antonio Skármeta. „Schwer war es, in einer Diktatur zu leben, wie früher in Chile. Wenn man in einem demokratischen Land lebt 25 und weiß, dass auch die Kinder in einer Demokratie leben, kann man sehr beruhigt sein."

 18.12.17, Deutsche Welle, http://www.dw.com/de/ k%C3%BCnstler-nach-der-flucht-der-schriftsteller-antonio- sk%C3%A1rmeta-aus-chile/a-41413856, von Susanne Spröer

Mediación

Tu curso de español tiene un proyecto con un instituto en Chile. Juntos preparáis un blog sobre el tema «Vivir en libertad: los exiliados de la dictadura de Pinochet en Alemania» para llamar la atención sobre la multitud de chilenos que tuvieron que huir de su país. Por sus relaciones con Alemania, quieres incluir el caso concreto de Antonio Skármeta. En la edición en línea de *Deutsche Welle* has encontrado este artículo sobre su vida y sus experiencias como exiliado.

Tarea

Redacta una entrada para el blog del proyecto en la que presentas la vida de Antonio Skármeta «entre dos mundos».